LIDERAZGO AL INSTANTE

Liderazgo al instante
Primera Edición
© Esperanza Nuñez, 2014
Editor: Greity González

All rights reserved. No part of this book may be reproduced, stored in retrieval system, or transmitted in any form or by any means, electronic, mechanical, photocopying, recording, or otherwise, except as may be expressly permitted by the applicable copyrights statutes or in writing by the author.

Manufactured in United States of America

ISBN–13: 978-0692290439

ISBN–10: 0692290435

LIDERAZGO AL INSTANTE

ESPERANZA NUÑEZ

A ti, que estás leyendo este libro y sólo quieres ser tú mismo, liderando tu propia Vida.

Gracias a mi Mentora, Lyvia Morales, y a todos los miembros de la Academia de Coach de Miami, pues fueron mis mentores en este proceso de mi propia metamorfosis hacia el autoliderazgo.

A mi familia, en especial a mi madre, por tanto amor expresado: los cuidados, desvelos y preocupaciones; y a mis amigos que han compartido momentos especiales y han dejado una huella imborrable.

A mi querida amiga y Life Coach Alicia Gómez, por acompañarme en este proceso.

ÍNDICE

Introducción/ 11

Capítulo 1/ El camino de los sabios/ 15

Capítulo 2/ La magia del autoliderazgo/ 21

Capítulo 3/ Hábitos y realidades/ 31

Capítulo 4/ Camina y transforma la realidad/ 41

Capítulo 5/ Enseñanzas de liderazgo/ 49

Capítulo 6/ El pentagrama del Coaching/ 57

Capítulo 7/ Autorrealización e imaginación creativa/ 77

Capítulo 8/ El mapa del líder: técnicas y prácticas de Éxito/ 87

- Iluminación y Unificación
- Liberación y Rectificación
- Disolviendo para el cambio
- Construir hacia la meta
- Exploración y renacimiento
- Culminación como Líder al Instante

Capítulo 9/ Conclusiones/ 97

Bibliografía/ 99

Introducción

El Liderazgo al Instante despierta la pasión por encontrar las mejores herramientas humanas que debe tener un líder del siglo XXI, aquellas que le den el sabor del éxito al sembrar en los demás el autoliderazgo y poder interior, para hacer de su propia vida un verdadero liderazgo.

El Líder al Instante, posee un amplio mundo de posibilidades para el desarrollo de sus potencialidades y ser, más que un líder, un transformador en una sociedad en continuo cambio.

El líder del siglo XXI posee un conocimiento de sí mismo para cautivar a los demás y tener relaciones más duraderas y edificantes con su entorno; es un ser consciente de su emocionalidad y hace de ella la fábrica de oportunidades.

Es un Líder al Instante que sabe utilizar las herrmientas del Coaching para llevar a otros hacia el desarrollo de la sabiduría personal, y:

- Logra que cada persona lidere su propio proyecto de vida.

- Permite que cada persona en su entorno laboral sea proactiva y viva su propia experienca con creatividad.

- Espera resultados que creen nuevas estrategias de liderazgo en el nuevo ecosistema de la vida del siglo XXI. Un líder, más que encantador, es un líder con carácter humano, con mente global, capacidad mediadora ante conflictos, y un gran visionario; un líder equilibrado que acompaña a su equipo con tolerancia, precisión y crea estrategias a partir de objetivos y recursos humanos.

- El Líder al Instante conoce y aplica las leyes universales para el éxito. Es un ser humano con capacidad mental para vibrar al ritmo de cada pensamiento diferente en cada género; es un líder que entiende que toda acción es producto del estado emocional de los demás y por lo tanto lo exterior es reflejo de su interior, no haciendo nada personal.

- Es un Líder al Instante con ética, añade valor constante a sus clientes internos como externos.

- El Líder al Instante respeta y guía a sus tribus con dinamismo en entornos digitales; proyecta seguridad desde los objetivos de cada manada y confía en el camino que recorrerán.

- Controla sin asfixiar, pero sobre todo, sabe aplaudir cada meta lograda.

Tener un impacto positivo en el trabajo es más necesario que nunca. De ahí la importancia de contar con las competencias adecuadas para formar equipos eficaces, aumentar el bienestar de los empleados y ser más productivos. Pero más importante que pensar en la empresa, es vital pensar en el ser humano que conforma ese grupo empresarial. Un ser con códigos biológicos únicos y culturales que han marcado su presente y por el cual actúa cómo actúa.

En los últimos tiempos, las empresas están buscando personal emocionalmente inteligente, aquellos que sean capaces de liderar equipos humanos y sean capaces de acompañar el logro de metas de equipo como personales.

Cuando hablamos de inteligencia emocional y estrés las personas aún no saben cómo gestionarlo, y menos cómo crear entornos más proactivos en momentos de conflictos.

El auto liderazgo con conciencia a partir del acompañamiento de un Líder Coach, es la oportunidad para que cada persona logre una transformación en su vida personal.

CAPÍTULO 1
EL CAMINO DE LOS SABIOS

"Si quieres ser sabio, aprende a interrogar razonablemente,
a escuchar con atención, a responder serenamente
y a callar cuando no tengas nada que decir".

Johan Karpar L.

En una playa en el pacífico colombiano existía un anciano a quien todos buscaban por su vida tan armoniosa y feliz. Había sido un hombre ejecutivo de una gran empresa educativa, quien gozaba del mar y su música; todo a su alrededor era lleno de pasión por lo que hacía, construía vidas, así se describía. Hacía mucho tiempo un ser maravilloso lo despertó a la vida que gozaba en la actualidad, y por eso seguía sembrando la semilla del autoliderazgo. Todas aquellas personas que se acercaban a él tenían necesidad de transformación personal, y aunque no eran conscientes, él intuía que necesitaban un mapa hacia la realización.

Una mañana de verano, con temperatura fresca y un mar en calma, una joven encantadora con alma de niña se acercó al anciano para conversar. Ella era aprendiz de la vida y le gustaba saber del sentir de las personas y cómo las experiencias las marcaron; sabía muy bien que él contaba historias de su vida inspirando hacia la toma de acción. Poseía un don de liderazgo centrando todo en la interacción con los demás, a quienes podía acompañar en su proceso de innovar sus vidas hacia los logros.

Fue un ejecutivo en la empresa donde trabajó por muchos años y por supuesto tenía mucho que contar.

La joven se acercó e hizo un poco de ruido para que se percatara de su presencia, él estaba meditando frente al mar.

Ella, muy respetuosa de esa imagen que la naturaleza le regalaba, le preguntó:

—¿Cómo está, señor? –dijo con su voz melodiosa.

Él la miró y con una sonrisa manifestó:

—Muy bien, pero aún mejor por tu presencia —ella sonrió y le preguntaba si podía sentarse junto a él, para que le contara esas historias que muchos le habían dado a conocer, sobre sus viajes por el mundo personal y empresarial.

Él sólo sabía decir sí a los buenos propósitos de las personas, era conocedor de su misión: ayudar a construir vidas para un mejor presente.

—Cuando yo era joven, viví en un mundo de negocios y eventos sociales, todo daba la impresión de ser perfecto porque así lo había aprendido de mi entorno, creía que la vida sólo dependía de mi éxito material, por lo tanto me fui dejando llevar por la acumulación de trabajo, a tal grado que sólo vivía para ejecutar tareas tras tareas, no sabía delegar. Era líder porque así me habían nombrado -gerente general-, y esos títulos en ese instante eran relevantes, las competencias de mis subordinados no estaban en mi agenda, sólo aquello que nos generaba resultados; en resumidas cuentas, era yo quien manejaba las marionetas de mi propio circo, ellos no gozaban de libertad, tenían que obedecer.

–Señor –dijo la joven, asombrada por ese pasado–, ese de quien habla, no puede ser usted.

–¿Por qué no? –replicó el anciano–. ¿Acaso no tengo un pasado ya vivido que ha marcado mi presente? Jovencita, no me interrumpa porque la persona que soy ahora es por algo que en su momento marcó mi vida para siempre. Sí, un ángel marcó mi vida hacia la transformación, sembró en mí el despertar hacia una vida libre y feliz, aquella que me dio el descubrir como liderar mi propia vida. Un ángel vestido de mujer dejó un puñado de estrategias mágicas de vida que si quieres puedo enseñártelas, sólo tienes que saber escuchar.

–Perdone, señor, no interrumpiré más –dijo la joven.

Él continuó:

–Descubrir en mi interior esa semilla que ella hizo despertar y así comprobar que somos los magos de nuestra propia vida y por lo tanto, logramos crear o destruir, es nuestra elección; yo elegí mi propio camino y aunque en los negocios todo iba bien económicamente, no lograba encontrar mi propia felicidad.

La joven, minuto a minuto se intrigaba más por esa vida tan sencilla, pero con tanta sabiduría. Era difícil entender que en la sencillez estaba la claridad de lo esencial, por eso no siguió en sus pensamientos lineales y le instó a seguir con su historia de hombre de negocios y maestro de la vida.

—Sí –pero la joven intrigada le preguntó cómo le llamaban, y como siempre sonriente le dijo:

—Soy un sabio en el camino de la vida, un Líder al Instante.

—Qué extraño –replicó la joven,

—¿Por qué? –preguntó el sabio del mar.

—Es extraño encontrar hombres de negocios diciendo que son sabios.

—Te comprendo, no puedes entender la existencia misma, te han enseñado a que pienses como la sociedad lo ha dictado y tú como mujer debes seguir patrones ya elaborados según la cultura de tu entorno. Tienes arraigadas tales creencias que no te percatas de tu propia vida. Déjame explicarte:

"Un mago puede convertir el temor en alegría, la frustración en logros, si eso es lo que quiere. Un mago puede llevarnos más allá de nuestras propias limitaciones.

Hay un mago dentro de cada uno de nosotros. Un mago que lo ve y lo sabe todo. El mago está más allá de los contrarios de luz y oscuridad, del bien y del mal, del placer y del dolor. Todo lo que el mago ve tiene sus raíces en el mundo invisible, posee el secreto de la inmortalidad; y como dijo la bella actriz italiana Sofia Loren: *Hay una fuente de la juventud: es tu mente, tu talento y la creatividad que transformará tu vida y la vida de tus seres queridos. Cuando se aprende y se aprovecha esta fuente, es cuando realmente se ha derrotado la edad.* ¡Qué verdad!

Para encontrar el verdadero sentido de tu vida debes ir a tu propio ser, como ir de regreso a casa.

Como contaba, mi vida estuvo marcada por muchos éxitos materiales que cavaron mi naufragio como ser humano y aunque desees conocer mi nombre eso es irrelevante para el camino que vas a recorrer conmigo.

Despues de haber colapsado y transformado mi vida, decidí que sería parte del cambio de una humanidad con muchas necesidades internas.

Hoy, este mago del mar, como me llamaré para ti, es un ser libre y feliz; sólo sabe vivir desde su paz interior.

Pero antes de seguir este camino debemos resumir este primer encuentro y encontrar el sentido del mensaje.

- El cambio es una constante en la vida.
- El camino del mago es relevante para el autoconocimiento.
- Es un despertar hacia la autoconciencia.

Para que tú logres comprender mejor sólo debes responderte las siguientes preguntas:

- ¿Qué es lo que buscas en tu caminar por la vida?
- ¿Por qué crees que es importante tu búsqueda?

- ¿Cómo crees que puedes lograr esa búsqueda?
- ¿Cuándo vas a ir hacia esa búsqueda?
- ¿Qué recursos necesitarás para lograr la búsqueda?
- ¿En quién quieres transformarte cuando la hayas encontrado?

Escribe tus respuestas y ve creando una ruta que definirá tu destino.

CAPÍTULO 2
LA MAGIA DEL AUTOLIDERAZGO

> *"Si tus acciones inspiran a otros a soñar más,
> aprender más, hacer más y ser mejores, eres un líder"*
> Jack Welch.

Conociendo tu poder interior comprenderás por qué es tan importante ser consciente de tu propio ser interno. La magia del autoliderazgo te anuncia de las dos fuerzas que viven en tu vida y en todo lo creado. Por lo tanto, déjate llevar hacia la creación de tu plan de vida.
–Sabes jovencita, ¿cuáles son esas dos fuerzas que viven en ti como en el Universo?
–No –contestó la joven.
–La ley de la polaridad nos enseña cómo el Universo mantiene su estado de equilibrio. Podemos comprenderla simplemente observando el fluir de todo lo que nos rodea. A nivel subconsiente nuestro cuerpo sabe nuestras reacciones, siempre unifica la polaridad para obtener mejores resultados. Si vas a correr hacia adelante, tu cuerpo se echa primero hacia atrás. Si intentas saltar hacia arriba, tu cuerpo se baja para tomar el impulso, o sea, primero va hacia abajo.

Si lloras al final saldrás riendo y si ríes al final sales llorando, aunque sea de emoción. ¿Vas comprendiendo? –preguntó el hombre.

–Sí, señor –contestó la joven.

–Recuerda que no hay buenos y malos como absolutos, todo depende de cómo lo interpretas; así que deja que esas respuestas que están creando tu plan se realicen sin oponer resistencia; no las presiones, más bien deja que la flexibilidad que subyace en las respuestas a las preguntas del capítulo anterior creen el camino hacia el proyecto que deseas lograr. ¿Has comprendido mejor el camino que vas recorriendo hacia el autoliderazgo? –preguntó el hombre del mar a la joven.

–Bueno, un poco, pero no entiendo que relación tiene con lo que quieres que yo emprenda.

–Primero, yo no te busqué, fuistes tú quien llegó a mi lado, y si lo hiciste es porque en realidad estás lista para buscar lo que tu interior te pide a gritos, o sea, respuestas a las preguntas que tu mente crea a una velocidad sin comprensión. Estás buscando un cambio en tu vida y no eres consciente, ¿no sabes cómo liderar tu Vida? El autoliderazgo es mágico, pero no es la magia que tú conoces y has repetido siempre: 1.2.3, esa magia es muy fácil y el autoliderazgo te exige un cambio en tu propia Vida y eso requiere mucho de ti.

–¿Por qué es tan complicado si tu vida es tan placentera y feliz, se te ve sumergido en la pesca y en un diálogo con la danza del mar? –replicó la joven.

—Jovencita, parece sencillo pero no fue tan fácil cuando empecé hace mucho tiempo. Voy a explicarte más el contenido del autoliderazgo. Cuando fui jefe en mi Vida Social anterior yo sólo cumplía con obtener resultados cómo fuera, esa era la realización en el momento y debía hacer lo que esperaban de mí. En ese momemto no interesaba quién era como ser humano, ni qué sentía ni cómo era mi vida; pero cuando empece a encontrar mi propio yo, ese que había perdido desde mi propia infancia y que sólo cumplía órdenes y generaba órdenes; aquel que bebía entre reuniones de negocios y eventos sociales, mi vida entró en crisis, porque una cosa era lo que debía cumplir y otra lo que deseaba, no había congruencia en mi existencia y me estaba convirtiendo en un ser inflexible, rígido e intolerante. Este inicio del camino hacia el autoliderazgo generó habladurías sobre mi conducta; unos decían que era un incompetente, débil, y otros más severos opinaban que ya no estaba a la altura de mi cargo. Mi vida empezó a estar más centrada en mi ser, la magia estaba envolviendo todo mi ser, mi entorno empezó a transformarse en algo positivo. Pero tú te preguntarás cómo lo logré… Cuando conocí a mi ángel en mi vida de ejecutivo, comprendí que la sincronización del Universo era perfecta, y que nada ocurría por casualidad; gracias a Dios, fui receptivo, no, aún recuerdo, mi ángel me dijo que cuando el alumno estaba listo el maestro aparecía. Así que comprendí que la magia del autoliderazgo sólo llega cuando se está preparado, y yo estaba preparado para recibir el conocimiento, ahora el turno es tuyo.

La autoconciencia es la mejor herramienta para crear una vida con propósito y lograr cumplir la misión de tu vida. La Humanidad ha estado sumida en una vida sin sentido, ha vivido de afuera hacia adentro y es por eso que se ven personas sin esperanzas, sin saber qué camino seguir, no saben qué paso dar y eso les ha creado mucho estrés, no saben liderar sus vidas y se han vuelto las marionetas de otros. Como se dice: "si no tienes metas otros te pondrán a trabajar para lograr las de ellos".

Dijo Eisntein: "Si quieres vivir una vida feliz átala a una meta, no a una persona o un objeto".

Tener metas en la vida es tener un destino hacia dónde llegar, es el por qué de tu existencia, y allí está la clave de la vida y el autoliderazgo, allí es donde tú te visualizas feliz y realizada.

Pero para llegar allí no es fácil, porque las creencias que el entorno ha dejado en la mente de cada uno, ha creado el presente que tenemos y para lograr la meta debemos primero ser conscientes de nuestras limitaciones, de esos patrones mentales que hemos creído como verdades absolutas y no hemos reevaluado y por eso la humanidad se ha sumido en el desamparo.

Recuerda que tu realidad es diferente a la mía porque tú tienes unos lentes mentales con los que la miras y yo observo sin mirar, sí, no le pongo carga emocional a lo observado, sólo me deleito en el paisaje o evento; eso me hace feliz y además, vivo sin querer que las personas o cosas sean como quiero que sean. En el presente todos quieren imponer sus realidades y eso nos mantiene en constantes conflictos entre países, sociedades y personas. Cuando dejemos que todo fluya cómo es y vivamos respetando todo lo creado habrá más armonía y paz en el Mundo. Si todos vivieran liderando sus propias vidas eso les generaría respeto hacia los demás, ya que aprenderían a comprender que las opiniones de los demás son sólo eso, sus opiniones. Muchos buscan cambiar a los otros sin empezar con ellos mismos, creen que los del problema son los demás y te cuento algo, en las organizaciones se vive mucho de conflicto en conflicto, y no se presta atención a esa parte humana.

Como dicen muchos: mientras haya resultados lo otro con una medicina se mejora, y es allí donde está el problema; no ver a los empleados como seres vivos, con talentos, habilidades especiales, emociones y conflictos internos que no saben cómo conducir. Unos dan buenos resultados porque saben gestionar sus emociones pero otros cargan un mal carácter o no saben relacionarse. Esto genera equipos de trabajo de baja producción; lo que no saben muchos jefes con títulos es que ser Líder al Instante es estar en el momento correcto para guíar, crear, diseñar y retroalimentar al equipo hacia la meta del mismo. Si comprendieran que liderar está basado en liderar primero nuestras vidas y de esa manera ayudar a los otros a realizar sus propias vidas, esta repetición sin límites y de manera exponencial crea equipos más productivos, generando innovación y eso es lo que a gritos está pidiendo el Siglo XXI: Líderes que sepan conducir sus propias vidas.

Ya has escuchado sobre el autoliderazgo y aún no has preguntado cómo liderar tu vida como mujer. ¿Acaso no te interesa conocer el comportamiento humano de un ser femenino?

Has olvidado interactuar conmigo y me he convertido en un contador de mi propia historia, sé que estás embelesada escuchándome, y agradezco porque sé lo interesada que estás en obtener la mayor información de mi experiencia de Vida. Espero que todo mi historial de eventos y conocimiento de experiencias vividas estén dejando un resultado para la toma de acción de tu parte.

Un Líder al Instante, aquel en el que me transformé, lo resumo en pocos pasos:

-Un instante para pensar me hace más efectivo.

-Un instante centrado en mi interior me hace seguro de mí mismo.

-Un instante para sentir me hace más sensible pero enérgico.

-Un instante para vivir y ser más productivo con el tiempo.

El tiempo no pasa, allí está, es inamovible, pero nosotros sí pasamos y está en nosotros si dejamos huella, o somos uno más en la manada de esta aldea global. No dejes para mañana lo que puedes ser hoy: Un Líder al Instante.

Para ser una Líder al Instante es menester que te autoobserves con este diagrama y construyas con tus respuestas:

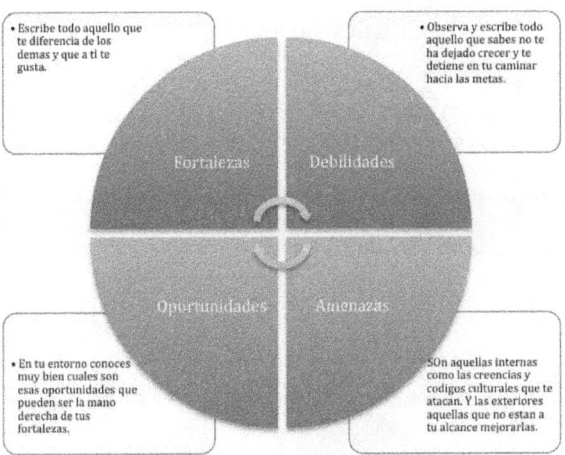

Ahora que ya has realizado tu análisis también te invito a que resumiendo, mi querida jovencita, tenemos:

- Creer en tu poder interior es la llave hacia el autoliderazgo.
- No hay bueno ni malo, todo depende del lente con que miras la realidad.
- La autoconciencia es el camino hacia el despertar a una vida con propósito.

Con estas conclusiones ya puedes seguir diseñando tu ruta. Ya sabes en quién quieres convertirte, entonces, ahora pregúntate.

- ¿Cuáles son tus fortalezas, aquellas que te hacen ser quien eres y que tú disfrutas viviéndolas?
- Escribe aquellas cosas que no te han dejado crecer y lograr la vida que has deseado.

Ahora convierte esas debilidades en palabras positivas y escríbelas junto a tus fortalezas.

Pero hay más herramientas que te ayudarán a descubrirte, como para encontrar la declaración de empoderamiento.

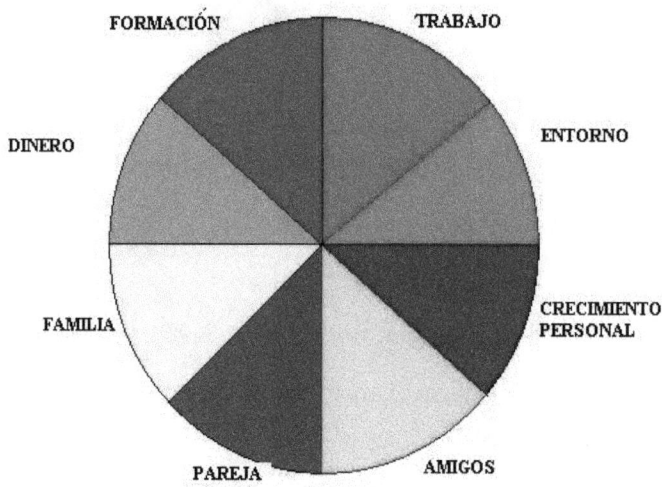

En cada área de esta rueda, califica de uno a diez cómo te encuentras. Ejemplo: Si tienes el trabajo que te apasiona, creces profesionalmente y estás remunerada como tú esperas, entonces a lo mejor dices que eres un 10, pero si tu dinero lo gastas todo y vives en deuda, a lo mejor eres un 3; de esa manera vas haciéndolo en cada área de tu vida. Contesta con mucha honestidad, porque no es para castigarte, sólo para que tú conozcas mucho más de ti.

Cuando hayas terminado, unes todos los puntos y te dará una figura cómo la siguiente:

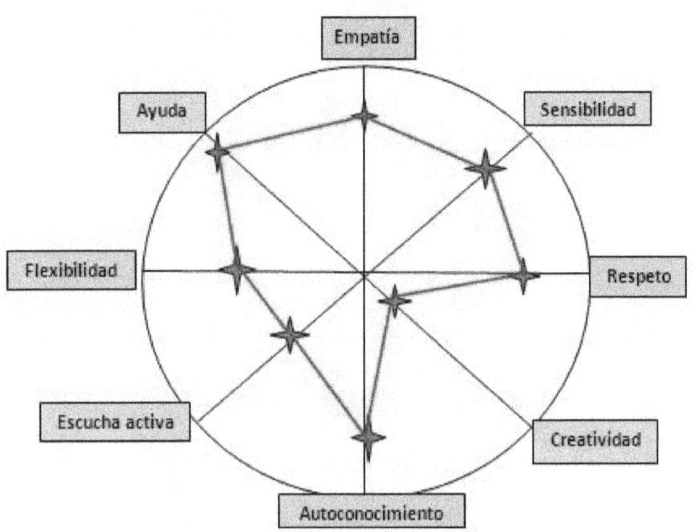

Luego, tú contestas sin razonar qué representa para ti tu figura. Por ejemplo: "Es un carro".

Ahora busca cinco características de la respuesta a tu figura, aquellas que determinan valor. Por ejemplo: Un carro es rápido, veloz, versátil, fuerte, armónico. Ahora, a cada esquina de tu gráfica terminada como la anterior le escribes las características, más tres de tus fortalezas.

Cuando ya hayas terminado escribes tu declaración de empoderamiento: Por ejemplo… yo… fulana de tal… soy rápida, veloz, versátil, fuerte, armónica y… tus fortalezas. Termina tu declaración y repítela tres veces al día por siete días a la semana frente al espejo. Esta rutina creará en tu cerebro un hábito positivo que generará unos cambios muy valiosos en tu Vida.

CAPÍTULO 3
HÁBITOS Y REALIDADES

"Cuida tus pensamientos porque se convertirán en palabras;
cuida tus palabras que se convertirán en acciones;
cuida tus acciones que se convertirán en hábitos;
cuida tus hábitos, porque son tu vida;
cuida tu vida porque tienes sólo una."
(Anónimo)

Si sabes cómo liderar tu propia vida entonces podrás crear cultura de excelencia en tu caminar hacia tus metas; eso se logra creando hábitos sanos que te conduzcan hacia la misma; no dejes nada al azar, es tu propia vida que esta en juego y cómo un juego de ajedrez tienes que saber mover las fichas, pensar y analizar la próxima jugada para lograr ser la ganadora; si no sabes las estrategias de tu próximo juego entonces cederás sin conseguir lo buscado y te desequilibrás; en el juego, como en el amor, todo es permitido, quiero decirte que en el caminar de nuestra vida creamos hábitos sin conciencia y por eso permitimos ser controlados.

Como ya eres consciente qué significa hábito y cómo crearlo con tu autoconciencia, entonces quiero ir profundizando más sobre lo que es un líder al instante.

El Líder al Instante con buenos hábitos es coherente con lo que dice y piensa, esto lo hace más eficaz y con una claridad hacia la visión que tiene de su propia vida; es un autolíder que no deja nada al azar; sabe cómo crear la próxima jugada y por lo mismo cuida de todas las áreas que conforman el ecosistema de su existencia; vive equilibrado o por lo menos busca estar acorde con todo lo que conforma su vida:

- Área de relaciones familiares. ¿Qué hábitos has construido con y a partir de tus relaciones familiares?
- Área espiritual. ¿Qué hábitos tienes en esta área? ¿Meditas? ¿Tienes alguna creencia religiosa, por la cuál has creado hábitos?
- Área de la salud. ¿Cómo es tu vida diaria? ¿Haces ejercicios? ¿Caminas?
- Área de finanzas. ¿Cómo es tu inteligencia financiera? ¿Tus finanzas son sanas? ¿Ahorras? ¿Inviertes?
- Área de trabajo. ¿Estás en el trabajo a tu medida? ¿A tus pasiones? ¿Estás enamorada de lo que haces?
- Área del crecimiento personal. ¿Lees? ¿Escuchas audios? ¿Vas al cine a ver películas que te ayudan en tu crecimiento personal?

- Área de amigos. ¿Cómo son tus relaciones con los amigos? ¿Ellos respetan tus decisiones? ¿O corres tras un chasquido de los dedos por parte de ellos?
- Área de pareja. ¿Es una relación basada en el respeto? ¿Los espacios son invadidos por cada uno? ¿Hay cordialidad?

Como te estoy contando, tenemos que saber crear buenos hábitos en todas estas áreas, para que estemos mejor equilibrados, y así crear una realidad más ajustada a nuestro propio sentir.

El Líder al Instante es consciente de sus emociones y por lo tanto, comprende que con sus recursos personales puede innovar y planear su vida en sintonía consigo mismo; busca en acciones pequeñas ir creciendo y aprendiendo cada día más de sí mismo; esto le lleva hacia una conciencia de autoliderazgo. La autoconciencia le proporciona una comunicación creativa y gestora de verdaderos sueños.

Un líder con hábitos creativos y realidades coherentes con su sentir es generador de espacios con calidad, allí donde cohabitan los equipos de trabajo y donde se fabrica tanto valor añadido para los clientes internos como para los externos, un valor que deja ambientes de trabajo y familiares más proactivos, donde la cultura de añadir valor es parte de las personas con autoliderazgo. Aún recuerdo, cada vez que encontraba a mi ángel, ella procuraba dejar una semilla en mí, esa que iba transformando el diamante interno de mi propia mina. Siempre estaba atenta a mis preguntas, sonreía y con voz pausada, clara y llena seguridad me hacía sentir parte de ella, éramos amigos incondicionales, añadiendo valor a nuestras vidas. ¡Oh, momentos bellos que marcaron mi vida!, y ahora soy quien soy, un mago de la vida que lidera su propia existencia con amor, y disfruta compartiendo con otros ese despertar hacia una nueva conciencia del Autoliderazgo. Recuerdo aún cómo fui puliendo mi vida, haciendo cambios de hábitos, por ejemplo: de ser intolerante a ser un hombre bondadoso y comprensivo; todas las mañanas me miraba al espejo y con una sonrisa en los labios y una inmensa gratitud por la vida, me repetía: "Cuán grande soy cada día, soy más bondadoso conmigo mismo y con los demás, esto me deja en paz y feliz; soy un hombre afortunado siendo quien soy y poseedor de toda esa mina de atributos con los que llegué a este mundo, ¡qué maravilla es ser quien soy!"; esto me lo repetía muchas veces hasta que terminé creando un entorno favorable y lleno de comprensión con todo y todos. Este ritual de cada mañana creó en mí un autolíder con más comprensión y logré crear en mi vida un sistema de éxito personal hasta comprender que el líder se hace a cada instante, y que iba construyendo paso a paso quien soy ahora: un hombre sereno, feliz por haber logrado despertar todo ese potencial.

La joven, más intrigada, preguntó:

–Si fue tan exitoso y creó hábitos que le llevaron alcanzar la cima, ¿por qué está solo en esta playa?

–Sí, eso aún no lo comprendes. Te cuento, ahora soy un viejo retirado que disfruta del mar, el mar es quien me acompaña e inspira, siento que soy parte de él y él vive en mí, ¿sabes?, estamos conformados más de agua y eso me identifica con él y todo lo creado en el Universo. Con cada ola mi vida se transforma, siento su caricia como un masaje para el alma, pero sobre todo, me enseña mucho sobre la vida. Es mi mejor maestro. ¿Sabes que entre el sol y la luna mueven las aguas? Unas veces van hacia un lado y suben las mareas y en otros lados está baja y en ese bamboleo se crea mucha vida, ahí comprendemos que la vida está en continuo movimiento y que para vivir hay que cambiar y en ese cambiar ocurre la transformación; así, mi querida joven, si no sigues las leyes del Universo, seguirás equivocándote. Esa es la realidad de la vida, si quieres triunfar en tu vida personal debes dejarte guiar por tu intuición, aquella donde está tu inconsiente y toda tu memoria, allí donde se encuentra la fábrica de tu realidad; déjate llevar por el ritmo constante que tiene la naturaleza intrínseca de tu ser, no pretendas correr cuando debes caminar; no pretendas alcanzar cuando el camino te dice que vas hacia otro lado; escucha y observa con el Corazón. Como dijo William James, Psicólogo estadunidense del Siglo XIX: "El hábito es el enorme volante de inercia que mueve a la sociedad, su más valioso agente de conservación".

A la hora de desarrollar un nuevo hábito, lo primero que tenemos que hacer es convencernos de las ventajas que tiene su práctica. ¿Nos hará sentirnos mejor? ¿Seremos más felices? ¿Mejorará nuestra calidad de vida? ¿Y nuestra salud? ¿Será beneficioso para la gente que nos rodea? Si descubrimos que la respuesta a todas las preguntas es afirmativa, tendremos la motivación suficiente para acometer el cambio, pero con esto no basta. El camino será complicado, y estará lleno de baches. Por ello, es conveniente que vayamos paso a paso, siguiendo estos puntos.

1. Divide tu objetivo en metas alcanzables.

Si por ejemplo, tu objetivo final es hacer deporte todos los días, tendrás que ir incorporando el hábito poco a poco. Si nada más empezar corres una maratón lo más probable es que, en primer lugar, no la acabes, y en segundo lugar, no vuelvas a intentarlo nunca, pues te dolerá todo el cuerpo. Empieza desde el principio, poco a poco, y ve incrementando el esfuerzo a diario. No importa cuál sea tu objetivo, debes tener claro que no lograrás alcanzarlo de la noche a la mañana. Los cambios vitales requieren un esfuerzo y deben implementarse poco a poco.

2. Modera tus expectativas.

El perfeccionismo no es un buen compañero. Si al principio las cosas no salen como esperabas, y fallas al incorporar el nuevo hábito, no desesperes. Inténtalo de nuevo poniendo un objetivo menos ambicioso. Si por ejemplo tu objetivo es volver a estudiar, quizás tres horas todos los días sea demasiado. Mejor empieza con media hora y, si tras ese tiempo no estás cansada y ves que puedes continuar, añade otra media, y así sucesivamente.

3. Elige bien los tiempos.

A la hora de incorporar una nueva actividad a nuestra vida debemos elegir bien el momento en que vamos a llevarla a cabo. Todos tenemos momentos en el día en que nos encontramos más activos. Hay personas que rinden más de día y otros que lo hacen más de noche. Lo mejor es realizar la nueva actividad en nuestro mejor momento, aunque tengamos que desplazar otras tareas. Incorporar un nuevo hábito requiere de todo nuestro esfuerzo, y nos costará menos arrancar si lo hacemos en el momento del día adecuado.

4. Cambia tu lenguaje.

Para que un cambio de hábito fructifique tenemos que evitar usar expresiones del tipo "estoy obligado a hacer" o "tengo que hacer", por "quiero hacer" o "he elegido hacer". Parece una tontería, pero el hecho de que nos convenzamos de que la nueva actividad que vamos a realizar es una elección personal que mejorará nuestra vida es decisivo, y el lenguaje ayuda a apuntalar esta idea.

5. Haz que sea divertido.

A la hora de desarrollar un nuevo hábito vital el aburrimiento puede ser uno de nuestros peores enemigos. Ya sea a la hora de cambiar nuestra dieta, o empezar a hacer deporte, toda nueva rutina puede ir asociada al hastío. No en vano podemos pensar que si no lo hemos hecho antes es porque no era algo divertido. Lo mejor para vencer esta resistencia es acompañar nuestro cambio de otras cosas que sí nos divierten. Si nos aburre hacer deporte, quizás nos parezca más llevadero con música, y si estamos cambiando nuestra dieta, quizás será más divertido si innovamos con las recetas. Todo cambio vital se puede hacer de muchas maneras, lo importante es encontrar el modo que encaje con nosotros.

6. Enorgullécete de tus progresos.

La motivación es decisiva para incorporar un nuevo hábito a nuestra vida, por ello, a medida que avanzamos, debemos ser conscientes de nuestro esfuerzo y nuestros progresos. Celebra cada paso que des en la consecución de tu objetivo y mantén la alegría hasta el final. Una vez que el hábito esté arraigado, formará parte de tu vida todo el tiempo que desees.
Ahora ya tienes más claro como lograr el autoliderazgo. Son pasos mágicos que puedes gozarte y hacerlo fácil.
Por ahora ya conoces más sobre hábitos y por lo tanto tu realidad está cambiando; estás generando en tu interior cambios que a tu edad no lo imaginabas.

Resumiendo:

- Cuidar de tus pensamientos y acciones para que sea más coherente tu vida, y centrada en tu propio ser.

- Autoconocimiento de las áreas de tu vida te proporcionan el balance de quién eres y cómo lo has hecho hasta ahora; es tu realidad.

- La realidad de tu vida no es lo que los demás piensen de ti, es cómo te ves tú misma, esa es la verdadera importancia de crear hábitos sanos para crear una realidad ajustada a tu sentir.

Ahora vamos al tercer elemento clave de tu ruta:

Tienes tu fórmula de empoderamiento y conoces más sobre ti, así que ahora en una hoja de papel la divides en dos y en el lado izquierdo escribes: LO QUE RECIBÍ, y al lado derecho, LO QUE NO RECIBÍ. Esta fórmula es bien importante porque te develará cómo fue tu entorno pasado y ahora es tu presente. Esto no es para que vivamos del pasado, es sólo para que comprendas tus creencias, cómo crearon tus hábitos y por lo tanto la realidad que percibes ahora.

Este despertar a tu propio liderazgo no es fácil pero si siembras la semilla de la libertad interior con conciencia tu vida sera un oasis de felicidad; y ese es el fin primero de nuestra vida: ser felices.

CAPÍTULO 4
CAMINA Y TRANSFORMA LA REALIDAD

> *"La catástrofe que tanto te preocupa,*
> *a menudo resulta ser menos horrible en la realidad,*
> *de lo que fue en tu imaginacion".*
> Wayne W. Dyer

Aún recuerdo cuando era gerente y hombre de negocios, según los preceptos de esa Sociedad a la cual orgullosamente pertenecía. La vida se me había desgastado y mi salud estaba en riesgo continuo. Todo a mi alrededor era caos, aunque mi banco me agradecía que trabajara de esa manera tan inhumana. Siendo un ejecutivo de gran renombre sentía que corría y no avanzaba y que mi realidad no era más que desolación total; sólo decía sin cesar y repitiendo como un loro: "no tengo tiempo". Era el jefe odioso e intolerante que sólo esperaba que se equivocaran para sentirme mejor y justificar mi carácter; esa amargura que comprendí en mi proceso de transformación era producto de unas creencias limitantes que habían marcado las decisiones de mi vida.

Mi vida sólo era correr para alcanzar resultados según el plan de la empresa. Cada día eran más exigentes e intolerantes; la jerarquización del poder se hacía insoportable y eso me había convertido en un ser con carácter no agradable y alejado de mi familia. Correr, correr y en el mismo lugar, esa era la constante en mi vida. Vivía tan fastidiado que hasta encontrarme con un gato me molestaba. Sí, aún recuerdo esa vez que Milena, el ángel de mi vida, me invitó a tomar un té, y que su gato me causó molestias y casi me hace caer, fue el inicio a un cambio hacia el autoliderazgo con conciencia.

Aquella vez empezó a cuestionarme y con preguntas me inducía a un laboratorio. Sentía presión, pero ella, dulce y compresiva, me invitaba a un pare; yo supuestamente me conocía, pero no entendía; era que en esa época de mi vida buscaba siempre entender todo, no creía en la magia de la vida ni en la sincronicidad del Universo; por lo tanto el proceso era un inicio sin conciencia; me gustaban sus preguntas, las realizaba con maestría una a una, e iba sembrando una semilla en mi jardín de la vida; no era consciente pero sus palabras y la magia con que se expresaba me embelesaban.

Me dijo -no corras-, y allí comprendí que sólo debía correr por el beneficio de mi salud, ya que estaba pasado de peso; me sentía incómodo porque era mi espejo; me describía tal como era y, ¿a quien le gusta que le remuevan su interior?

¡Oh jovencita!, yo imagino que a ti no te gusta que te digan las cosas como los demás las ven en ti, aunque sea por tu propio bien. ¿Es verdad?

–Si, así es, cuando mi madre me recuerda lo desordenada que soy me fastidio.

–Jaja –rió el Líder al Instante, y le recordó que el autoliderazgo es sólo un trabajo personal donde el proceso se hace caminando con precisión y autoconciencia.

–Hay tres cosas muy importantes que Milena me enseñó para lograr un alto rendimiento en el proceso de transformación:

1. Cambiar los pensamientos y creencias de la propia realidad; esto quiere decir: los pensamientos, las palabras y las emociones son energía. Si nuestros pensamientos son positivos obtendremos resultados positivos; si por el contrario tenemos pensamientos negativos, crearemos una realidad negativa.

Se ha descubierto que el 80 % de nuestros pensamientos se repiten constantemente; de los cuales, cerca del 78 % son pensamientos negativos y el otro 22 % son pensamientos positivos. Entonces, joven, ¿cómo se puede obtener la vida que tanto se desea? Muchos ni creen en sus posibilidades y todo debido a su realidad interior de negatividad. Sin embargo, uno de los grandes poderes que tiene el ser humano, es ser capaz de cambiar su programación mental. Tiene el poder de elegir los pensamientos que quiera tener, de acuerdo con la realidad que desea tener. Dependiendo de los pensamientos que tengas tú en la mente consciente, así es tu entorno, esa es la realidad con que cuentas; así que tu responsabilidad es cambiar tú misma, los demás harán lo propio, de eso no te preocupes. Cambia tu Universo con amor, conectándote con pensamientos de amor y verás el mundo circundante. Ahora pregúntate: ¿Cómo cambiarás esos pensamientos y que tu realidad sea más bonita y próspera? ¿Cómo puedes crear esa realidad dónde tengas buena realación con tu familia? ¿Con tus amigos? ¿Con un trabajo acorde a tu propósito de vida?

Todo este éxito de vida que ya estoy plantándote con preguntas, ¿es lo que has deseado en tu corta vida? ¿Es verdad? Porque si estás aquí conmigo sólo por pasar el tiempo y la semilla no germina en tu vida es sólo tu responsabilidad.

No estás aquí junto a mí por casualidad. La vida se encargó de crear el camino de este encuentro y esa sincronización es la magia. Como dijo Einstein: "Dios no juega a los dados". Si has buscado es porque hay un llamado intrínseco en tu interior, ya estaba brotando hasta que todo se fue dando, así como lo viví con mi amiga Milena.

Recuerdo cuando Milena me dio sus reflexiones acerca de las Leyes Universales: Los pensamientos se convierten en cosas, y atraes a tu vida todo aquello en lo que te enfocas. Pero ese es el problema porque muchos no son conscientes del potencial que llevan dentro para cambiar sus vidas. Están ciegos para esta posibilidad y siempre estan quejándose de las causas externas: malas relaciones con los demás, posibilidades limitadas, deudas y más. No tienen la noción de que ya disponen, el poder de cambiar su realidad actual. La Ley Universal de la Vibración nos dice que todo se mueve. Cada creación (desde el átomo más pequeño hasta un edificio) es en realidad un movimiento energético. Algo puede parecer sólido pero no lo es. Aún el cemento, el hierro, están hechos de una energía en constante movimiento. Ella me enseñó que había dentro de mí una fuerza superior a cualquier problema; disponer de la opción de pensar lo que se desea en cualquier escenario. Justo esta libertad de pensar hace que tengas el poder para crear tu realidad deseada. Todo lo que atraes a tu vida, sea positivo o negativo, se hace realidad en tu existencia, y la fórmula es: pensamientos + emociones = realidad atraída.

Por lo tanto, si tus pensamientos positivos son el vehículo para llevarte a tus metas, entonces tus emociomes son la gasolina que enciende tu motor.

Pero hay algo muy importante en todo este proceso maravilloso, y es tomar conciencia de cómo estás hoy, porque será la manera de crear cambios en la vida. Nuestros pensamientos determinan la realidad; por lo tanto, debes controlar tu mundo interior para que dirija tu vehículo.

Cambia la vibración de tus pensamientos para que las circunstancias actuales sean una realidad deseada. Empieza a pensar en todo lo que quieres, en vez de todo lo que no quieres. La vibración cambiará de inmediato. Puedes escapar de la trampa de la realidad actual.

El segundo paso para transformar la realidad es darle poder a tus pensamientos y autosugestión para lograr que el cerebro termine creando otra realidad, una realidad más ajustada a tu liderazgo interior. Estudios científicos muestran que nuestras creencias afectan nuestra realidad y nuestra capacidad de percibir y decodificar el mundo, como si todo fuera placebo. La visualización creativa es utilizar todo el poder mental y la propia imaginación para crear lo que se desea en la vida. Es el nexo que une el mundo espiritual y el mundo físico. La visualización como técnica, es un proceso de desarrollo y un estado de conciencia y, consiste en usar las imágenes mentales y las afirmaciones para producir cambios positivos en tu vida. Como proceso de autoconocimiento permite descubrir las creencias mentales limitantes, transformarlas y guiarte hacia la libertad personal. Es también un estado de conciencia que permite ver profundamente que eres la continua creadora de tu propio Universo y que te responsabilizas de ello en todo momento.

Es importante planificar y organizar todas las actividades que corresponden a tu liderazgo personal, aquellas que van creando el camino hacia tu meta. Pero, ¿cómo hacerlo?

Crea tu propia agenda de vida. Ya sabes lo que te faltó en la vida y lo que recibiste; a partir de este descubrimiento estás preparada para desaprender y aprender nuevas estrategias para tu vida, más centradas en tu ser interior. Enfócate en aquello que recibiste y con conciencia crea de manera positiva otro ambiente para aquello que no recibiste en tu entorno: hogar, escuela, amigos, etc. Nadie es culpable y debes liberarte de esos pensamientos acerca de esa realidad, ya no puedes cambiar tu pasado, pero sí tu presente.

Ahora pregúntate, ¿cómo quieres verte en un año?

¿Ya la percepción de tu vida ha ido cambiando? Si es así, entonces no temas cambiar alguna meta. Eso sucede muchas veces, pensamos que esa es la realidad de nuestra meta y en el proceso de transformación todo se va tornando diferente, pero en esencia lo que buscamos los seres humanos es ser felices.

Resumiendo este capítulo, habrá más claridad en tu vida. En tres pasos podemos decir que:

- Caminar y sólo correr cuando hay autoconciencia de la vida.
- Los pensamientos positivos crean tu realidad positiva.
- El poder del pensamiento, la autosugestión y la organización de tu plan de acción te darán la brújula en el camino hacia tu liderazgo personal.

Recuerda que las metas son el destino y tu plan de acción será el mapa a la ejecución de las mismas. Por eso, recuerda seguir estudiando tu vida, profundiza en las aguas de tu mente creativa y crea la realidad que has deseado con autoconciencia. No desesperes si en algún momento te sales del camino, muchas veces a mí me sucedió. Fracasé mucho en el intento por recuperar mi vida, creía que no podía lograrlo; me la pasaba entre mi realidad de ejecutivo y una vida deseada en continuo conflicto. Pero un Líder al Instante es comprensivo y sabe que para lograr éxito en la vida hay un proceso, que muchas veces el inicio no es nada agradable, porque descubrirse y quitar toda esa telaraña tejida por la sociedad no es nada agradable y el camino se hace difícil. Pero una vez que empiezas a limpiar el camino todo se va tornando claro y hermoso.

Así, mi querida jovencita, camina despacio pero precisa en la toma de tus decisiones, toma nota de tus progresos y cuando estés frente a los tuyos, aprende a observar y escuchar con mucha atención; hazles comprender que su realidad es sólo de ellos, pero que tú sientes empatía con su situación actual. No te involucres y deja que todo siga su rumbo.

Un Líder al Instante siembra semillas que perduran por siempre en el jardín de la vida.

CAPÍTULO 5
ENSEÑANZAS DEL LIDERAZGO

"Olvídate de la vía rápida.
Si realmente quieres volar
simplemente aprovecha el poder de tu pasión"
Oprah Winfrey

—Ahora ya has aprendido muchas cosas sobre tu autoconocimiento y la conciencia de tus pensamientos; por tanto, no des cabida a la pereza mental y prepárate continuamente a convertirte en una líder al instante. ¿Alguna vez has escuchado si el líder nace o se hace?

La joven contestó que no, pero esas conversaciones que mantenía con el Líder al Instante, la mantenían fascinada y no quería parar y deseaba que él, con sus historias y experiencias de vida, la llevara a hacer de ella una gran líder. Ya no quería interrupciones. A cada momento su vida se iba transformando; también quería navegar en las profundidades del autoliderazgo y ser un gran Líder al Instante como aquel hombre que aún a su edad seguía construyendo vidas.

—En mi empresa siempre escuchaba: aquel tiene madera de líder; por lo tanto una pregunta clave que surgió en mi mundo fue: ¿Es la capacidad de liderazgo algo con lo que se nace? ¿Qué hay de cierto en esto? ¿Se trata tan sólo de un mito?

Existen diferentes enfoques para abordar la cuestión sobre si los directivos poseen ciertos rasgos innatos que los definen como grandes líderes o, simplemente, se trata de profesionales que han apostado por la formación y el desarrollo continuo de las habilidades de liderazgo.

Todos somos líderes en potencia, sólo que el caminar de la vida y con influencia del entorno nos olvidamos del poder de liderar nuestra propia vida, pero también dejamos que otros nos lideren y trabajamos por sus metas. Bajo esta perspectiva, existen personas más destinadas a asumir el rol de liderazgo y parecen tener una cierta predisposición para ocupar cargos directivos dentro de las organizaciones. Según esta visión, existen ciertos rasgos que los diferencian del resto:

- Energía constante y alegría para liderar.
- Deseo de liderar con dignidad y respeto por la individualidad.
- Honestidad e integridad.
- Confianza en sí mismo.
- Creatividad y conocimiento del entorno.

Los líderes se hacen. En cambio, desde el otro extremo, se puede esgrimir que existe un cierto sesgo cuando se afirma que estos directivos son "líderes de nacimiento". Los argumentos pasan por defender que el liderazgo no es una habilidad natural, ya que todos podemos serlo si nos lo proponemos (depende, básicamente, del desarrollo de tus potencialidades y de la actitud que se tome).

- Muchos líderes que triunfan en determinadas organizaciones, fracasan en otras.
- Existen personas que se convierten en líderes ante determinadas condiciones, cuando hasta el momento no se habían identificado como tales.
- Las capacidades del buen líder pueden ser aprendidas, si existe la predisposición y la motivación adecuadas.

Las conclusiones a las que han llegado las investigaciones de las últimas décadas develan que, en efecto, existen personas que, dado su carácter, muestran auténticas dotes de liderazgo. Sin embargo, la mayoría de las personas necesitan aprender y experimentar para llegar a ser unos buenos líderes.

Como conclusión, a continuación se apuntan las principales características que todo buen directivo debería poseer (independientemente de si nace o se hace):

- El buen líder al instante es un ejemplo y un referente para los suyos.
- Su éxito se mide por los resultados positivos en cada uno, no por su popularidad.
- El líder se distingue porque tiene visión, promueve el cambio y se anticipa al futuro. Todo esto lo fui aprendiendo en la medida que iba cambiando mi perspectiva de la realidad dentro de mí.

Si tú estás dispuesta a dar los pasos necesarios para ser una Líder al Instante es menester que tengas un poco de paciencia, no corras y sigue creando espacios donde todo esté acorde con tu sentir.

Ya sabes de lo vital que es el autoconocimiento, pero más importante es ser consciente. En el nuevo mundo la jerarquía empresarial cambió y paso a ser horizontal y flexible; es un Nuevo modelo donde el jefe o capataz ya no es real, esa figura de autoridad y poder pasó a la historia y aquellas empresas y líderes que no se ajusten a esta nueva concepción desaparecerán; el Nuevo Líder al Instante es un ser que cree en la potencialidad de los otros, acompaña a sus empleados en el logro de metas; cree y guía sin asfixiar y todo lo ve desde la perspectiva de equipo. Gestiona las emociones individuales proactivamente generando resultados excelentes.

Las enseñanzas de liderazgo están marcadas por una inteligencia emocional, aquella que lo hace ser parte de un todo dentro del equipo pero respetando la individualidad.

Ahora me gustaría saber qué te ha traído a mi playa. ¿Qué buscas en conocer mis experiencias? Son preguntas que irán dando forma al contexto actual; y lo primero que quiero es decirte que tienes una gran capacidad de escucha y eso es muy importante para tener buenas relaciones con los demás. ¿Eres realmente así como te percibo, esa es tu realidad? ¿Cuál es tu contexto? ¿Como es la visión del mundo para ti? Te hago todas estas preguntas porque será la manera en la que vayas abriendo tu conciencia y empieces a pintar el lienzo de tu propia existencia. La vida es como un lienzo, tú creas la obra a partir de tus creencias, aquellas en las que has creído como verdades absolutas; con cada pensamiento y declaración que hagas vas dando forma a tu proyecto de vida. Cada vez que piensas algo dependiendo de tus creencias agregas un color, y defines figuras como relaciones, vas creando en tu entorno. Unas veces crees que has acertado y otras crees que han sido un fracaso; esa manera de relacionarte dice mucho de tu manera de vivir, eres la creadora de tu propio entorno; recuerda: atraes aquello de lo que llevas en ti, como dice el dicho, eres lo que piensas y dices según tus creencias. Tus relaciones son como las has manifestado de alguna manera al Universo, es por eso que si empiezas a ser más consciente de cómo piensas, qué dices, cuáles son tus creencias, qué lenguaje usas al comunicarte y cómo es tu manera de crear en la mente antes de hablar. Te explico: muchas veces piensas una cosa y tu mente subconsiente te dice otra, pero por ciertas circunstancias haces algo muy diferente y sólo justificas tu manera de actuar, ¿te ha pasado, jovencita?

—Sí, señor, muchas veces, pero hoy estoy dando más claridad a mi sentir y a mi vida, usted está dejando una semilla muy linda en mi corazón y mente. Sé que nada es casualidad, y si lo busqué es porque tenía que venir a escucharle, es un regalo bello que el Creador me está dando, así que no lo rechazaré y seguiré viniendo cuantas veces sea necesario para llegar a ser lo que he deseado.

—¡Oh!, cuando me dices que has deseado algo, ¿sabes que es?

–Quiero ser una gran maestra de Historia Universal, me apasiona el desarrollo de la humanidad y poder transmitir ese conocimiento me llena de ilusión.

–Me alegra muchísimo que estés clara en lo que quieres. Así que ahora es bueno resumir este día porque ya la tarde está cerrando las puertas y el Sol quiere darle paso a la Luna. El acontecimiento de los Astros es un evento natural, como es vivir.

Ya hemos llegado a un punto de inicio del viaje al centro de tu vida y eso es maravilloso

Los tres puntos importantes de este capítulo son:

1. El liderazgo nos enseña el autoconocimiento y toma de conciencia de la existencia, siendo relevante en el camino al despertar a un mundo donde tu realidad es lo que es.
2. El liderazgo nos enseña que ser líder no es exclusivo de un grupo selecto de personas, todos somos líderes de nuestra propia vida, sólo que muchos delegan su existencia a otros.
3. El liderazgo nos enseña que un líder es paciente pero eficaz con las metas, respeta la individualidad de los demás y acompaña a otros al logro de su propio desarrollo.

Ahora que hemos resumido nuestra charla sobre las enseñanzas de liderazgo es bueno que te comprometas con el desarrollo de tu potencial, por lo tanto, cuando llegues a tu casa contesta las siguientes preguntas:

- Conociendo tu meta hacia la enseñanza de la Historia Universal, es bueno que me hagas un contexto de tu realidad, aquella que tienes en el momento actual como familia. ¿Quiénes la componen? ¿Cómo es tu relación con cada uno de los integrantes de tu familia? ¿Qué edad tienes? ¿Dónde vives? ¿Cuál es tu meta principal a lograr en tres meses? Escribe breve pero preciso.

- ¿Cuáles son las declaraciones constantes que haces a diario?
- ¿Cuáles son las creencias qué has tenido del mundo y cuál es tu visión de él?
- ¿Por qué decidiste venir a buscarme y qué es lo que te hace permanecer por largas horas a mi lado escuchándome?

Cuando regreses traes tu cuaderno con tus respuestas y así vas construyendo mejor tu ruta. Hasta la vista.

CAPÍTULO 6
EL PENTAGRAMA DEL COACHING

"Si quieres ir rápido ve solo.
Si quieres llegar lejos, ve acompañado"
Proverbio Africano

Eran las diez de la mañana del sábado siguiente a la última visita que la joven había hecho a la playa donde estaba el Líder al Instante, aquel anciano del mar o más bien el mago del mar, como cariñosamente lo identificaba. Para ella él se había convertido en un transformador de su vida y ya no quería perderse un instante y deseaba ser una Líder al instante.

Después de saludarle de beso en la mejilla le sonrió y preguntó:

—¿Cómo ha sido para ti esta semana? ¿Cómo te encuentras?

Ella le contestó:

—Muy bien, cada día más comprometida con lo que estoy viviendo, porque sé para donde voy.

—Ahora por favor, dime, ¿cómo te llamas? —dijo el Anciano.

—Me llamo Karla, ¿y usted?

—Mi nombre es Alejandro.

—Qué interesante…, cuando hay un contexto más real —dijo la joven—; conocer su nombre me crea una realidad diferente.

–¡Oh!, ¿y cuál es tu realidad actual?

–Usted es un maestro para mí, sus experiencias y conocimiento están logrando transformar mi vida.

–¿Eso es lo que en el fondo deseas tú? Pero, ¿cuál es tu realidad, tu visión del Mundo? ¿Acaso hay algo que quisieras contarme y no te atreves?

–Bueno, tengo un hogar muy disfuncional. Mi padre nunca me ha permitido expresar mis deseos, pasiones por algo en especial; sólo me toca ayudar en casa a mis hermanos ya que mi madre trabaja y ayuda con su salario; estudié de noche y el año pasado terminé mi escuela superior recibiéndome como maestra de Escuela primaria, pero mi anhelo es seguir estudiando la Historia Universal. No digo nada porque al ser mayor todos creen que mi obligación es cuidar de mis hermanos y padres; además me da pena con mis hermanos que están pequeños y necesitan de cuidados. Aquí vengo cuando ya los he despachado al colegio y mis padres salen a trabajar.

Pero el anciano le preguntó:

–¿Cuál es aquella creencia que te impide tomar decisiones de cambio que genere la Vida que tanto anhelas?

La joven, un poco asustada por la pregunta, titubeó pero respondió con certeza:

–La mujer es para la casa y para el cuidado de la familia. También aprendí que para qué estudiar tanto, si el que provee es el hombre. Que los padres son los que ordenan y no hay que cuestionar.

El anciano sonrió con bondad y le miró a los ojos con amor. Comprendiendo la dimensión de lo que había escuchado, ahora comprendía por qué se escapaba cuando estaba sola; era la única manera de sentirse libre.

–¿Pero el cuidado de tus hermanos es tu asunto o es de tus padres?

–No, es de mis padres.

–Entonces, ¿cómo quieres que tu Vida tenga resultados diferentes si has asumido un rol que no te corresponde? ¿Crees que si sigues haciendo lo que haces podrás tener la Vida profesional que deseas?

–No, sé que tengo que hacer cambios, pero aún no sé cómo confrontar esta situación. Se me sale de las manos y del corazón. No quiero sentirme mal al no ayudarlos.

–Si sabes que es lo que no te deja crecer, entonces, ¿cómo lograrás tus metas?

–Aprenderé a ser clara y sincera conmigo misma y tomaré valor para confrontar esta situación, sin herir a nadie, llegando a acuerdos de responsabilidad para cada uno. Creo que haremos más llevadera la situación y así nos ayudaremos todos. Voy a crear estrategias, así cómo le he escuchado a usted, y presentaré un plan como solución antes de hablar en mi grupo familiar.

–Muy bien –dijo el anciano–, te felicito, noto que estás creciendo como persona y te diriges a ser una Líder al Instante.

–Usted me inspira –dijo Karla–. Sus experiencias y preguntas durante la conversación me están ayudando a aclarar muchas cosas dentro de mi mente. A mí me gustaría ser oradora y dirigir grupos de jóvenes hacia sus propias competencias. Deseo ser una Líder y ayudar a otros a que transformen sus vidas. Será la manera en que el Mundo vaya sintiendo una nueva energía creadora.

El anciano interrumpe y se dirige a Karla:

—Eso me gusta, porque con mis palabras y preguntas no pretendo convencerte de algo, sólo te he contado las experiencias que marcaron mi vida e hicieron de mí lo que soy en estos momentos. Ya es hora de empezar a preguntarte, ¿por qué lo quieres lograr? ¿Cómo lo vas alcanzar? ¿Cuándo lo quieres? ¿Dónde vas a realizarlo? Karla, no dejes nada al azar y sigue construyendo tu ruta que yo seguiré contando mi aprendizaje de vida. A propósito, toda esa experiencia, sólo fue un encuentro conmigo mismo, pasando de jefe a Líder al Instante. Una metamorfosis que costó muchos momentos incómodos en mi mente. Sí, no quería cambiar y dejar a un lado esa imagen que los demás veían de mí, eso me hacía sentir poderoso, un jefe que mandaba y daba órdenes para cumplir un programa preestablecido por los directivos de la empresa.

Yo recuerdo mucho a mi ángel, ella marcó un antes y un después, mi vida se transformó, pues de jefe, pasé a ser un Líder al Instante.

Cuando Milena (Mi Ángel) me cuestionaba, no solía recibir con agrado sus palabras, pero ella era comprometida y perseverante y seguía actuando, con su magia y encanto. Creía en mí y esperaba lo mejor, buscaba en cada encuentro retomar desde la última cita y con preguntas me llevaba a responder cómo estaba evolucionando en mi crecimiento y me recordaba lo que aún me faltaba por mejorar. Sabía entender mi proceso y me llevaba al autoconocimiento, y me decía, no sólo es indispensable que conozcas tus fortalezas y debilidades, también debes tener una conciencia emocional de ti mismo, entendiendo cualquier dificultad que tuviera en el momento. Gracias al autoconocimiento pude conocer mis puntos fuertes para seguir fortaleciendo mis puntos débiles, y así mejorar.

Nuestra relación era de total confianza y respeto mutuo. Era magistral con sus preguntas y su don de gente e inteligencia, logrando conseguir sacar lo mejor de mí, me hacía sentir valorado y reconocido; era auténtica, sincera, y generosa.

Su apertura hacia mí me dejaba libre para expresarme. Ella estaba atenta y creaba una sintonía a tal punto que la sinergia era constructiva. En nuestra relación había un grado tal de conexión que sólo me quedaba colaborarle en el proceso que ella había iniciado conmigo. A la altura de nuestro último encuentro ya había un mayor grado de compromiso con todo lo que estaba viviendo. Me decía: "No estoy aquí para juzgarte sino para ayudar a que te expreses y que seas tú mismo, que encuentres las soluciones a tus dificultades, aquellas que quieres superar".

Me facilitaba hablar con tranquilidad y asumía una postura que me gustaba mucho, estaba en sintonía con ella y estaba seguro que me escuchaba atentamente.

Era una mujer que sabía escuchar, entendía mi situación sin querer mostrarse superior; y si yo me sentía con los ánimos caídos no me juzgaba. Tenía una actitud participativa, animándome a expresarme con facilidad; sus formulaciones, reformulaciones y clarificaciones me ayudaban a retomar y hablar de mi situación. Me miraba fijamente; mantenía un juego en las palabras impresionante y muchas veces se quedaba en silencio; esta manera mágica de tener un encuentro de transformación era lo que me zambullía en sus coloquios tan apasionantes.

Ella había estudiado literatura y tenía pasión por ayudar a los demás, construía vidas paso a paso, así lo expresaba constantemente.

Cuando me hacía preguntas me ayudaba a descubrir y comprometerme con el proceso de transformación; esas preguntas enfocadas en la solución me invitaban a la toma de acción, me ayudaba a enfocarme en mis objetivos y no en mis problemas. Todavía recuerdo sus preguntas: ¿Qué te gusta de tu vida? ¿Qué quieres conseguir? ¿A dónde quieres llegar? Todo esto me invitaba a reflexionar más sobre mi vida, y no entraba a criticar, estaba muy centrada en su papel de transformadora, me daba reconocimiento, reforzándome los puntos más fuertes de mi vida y también me reforzaba en mis puntos débiles para que creciera en ese aspecto, construyendo mejor mi vida. Su actitud mental positiva para todo me ayudaba a ir aclarando mi propósito de vida y, fue el inicio de un cambio en mi existencia.

Con retos y desafíos fui resolviendo problemas y buscando estrategias, juntos empezamos a elaborar un plan de acción centrado en objetivos concretos para así salir de mi zona de confort; y, a propósito, eso me costó mucho. Tenía un pie en la vida de ejecutivo cómodo y sin sentido; y el otro en una vida con propósito, aquella que estaba tomando forma. Poseía una gran imaginación que me hacía sentir inmensamente vivo, agradecía su presencia en mi vida y esa manera de facilitarme para desaprender, aprender y crecer.

No buscó ser protagonista y un día partió, cuando creyó que ya podía liderar mi propia vida.

Cuando iba a partir me regaló el pentagrama del coaching, era un folleto con cinco claves que me ayudarían a adquirir habilidades para transformar vidas. Y ahora voy a regalártelo pues ya estás más que preparada para comprender este mensaje de vida; tanto sirve para que lideres tu vida en familia, como para equipos de trabajo o comunidad.

- El líder tiene que ser altamente competente tanto en el manejo de sus juicios, como en la escucha y distinción de los juicios de los demás. A partir de los juicios que se hacen, se toman unas determinadas acciones y no otras. Se afirma un futuro posible o se cierran posibilidades.

- Apoyándose en los juicios, el Líder al Instante debe aprender a generar espacios emocionales expansivos, desde los cuales se gestan las nuevas posibilidades y se estimula el desempeño.

- El líder al instante tiene poder para crear una cultura de impecabilidad en el cumplimiento de compromisos. Sólo en la medida que él y su gente logren cumplir responsablemente las promesas que realizan podrán distanciarse del uso reiterado y restrictivo de la autoridad formal y podrán avanzar hacia una cultura de confianza.

- El Líder al Instante debe saber diseñar conversaciones efectivas para alcanzar los objetivos que se propone.

En esta perspectiva una organización resultará ser una red de relaciones/conversaciones en las que sus miembros establecen compromisos mutuos y esas relaciones/conversaciones definen lo que es posible o no.

"Por lo tanto liderar, en este sentido, se podría definir como el construir espacios emocionales expansivos para generar y mantener redes dinámicas de conversaciones competentes y efectivas".

El proceso de transformación que lo anterior supone no es ni lineal ni fácil. Transitar hacia este nuevo modelo de gestión requiere de un aprendizaje profundo y de importantes transformaciones del jefe acostumbrado al antiguo modelo.

No se trata de aprendizajes o una mera acumulación de algunos conocimientos y/o herramientas adicionales. Hay que encarar un proceso de "des-aprender" lo que se concebía como antiguas "competencias".

Lo que se llama LIDERAZGO AL INSTANTE supone un paradigma de gestión diferente que permite crear un contexto distinto –

espacios emocionales expansivos–, para que las cosas sean logradas en trabajo de equipo sinérgico.

Lejos de técnicas a aplicar, este modo de LIDERAR requiere:

- Una nueva manera de observar lo que nos acontece.
- Una nueva manera de pensar.
- Una nueva manera de hacer. Somos reconocidos por nuestro hacer.

Para el logro de lo anterior generamos una propuesta de aprendizaje transformacional.

El aprendizaje transformacional significa el encuentro entre seres humanos diferentes y legítimos en esa diferencia y en ponernos a nosotros mismos como sujetos activos del proceso de aprender en las diferentes dimensiones que nos constituyen como seres vivos que habitan en una cultura: el lenguaje, la emocionalidad, la corporalidad. Lo que se espera del aprendizaje de transformación. Redescubrir la posibilidad de aprender con otros diferentes, desde el disfrute del hacer. Aumentar el poder de generar acciones efectivas mediante el desarrollo de competencias emocionales y el manejo de distinciones. Retornar a preguntas fundamentales acerca de cómo hacemos sentido del mundo que observamos, del poder de los discursos culturales que nos constituyen y de cómo queremos convivir con otros seres diferentes.

LIDERAR DESDE EL SER Y NO DESDE EL ACTUAR

¿Qué es liderar?

Liderar implica autoliderarse mucho más que mandar o dirigir, es asumir una responsabilidad gestionando un equipo de personas y manejando recursos de toda índole.

LIDERAR ES TODO ESTO:
Compromiso con la decisión tomada.
Motivación y automotivación personal.
Capacitarse y capacitar a tu equipo constantemente.
Escuchar a los demás con empatía.
Acompañar en todo el proceso hacia las metas, siendo flexible pero preciso.

Liderar para triunfar:
- El llamado Líder al Instante, o liderando desde el ser, aparece cuando por un descubrimiento personal o por un acompañamiento vía coaching, el jefe es capaz de despertar y transformar su conciencia e incorpora bajo su piel una nueva manera, no sólo de comportarse, sino también de ser.

El Líder al Instante lo es en todos y cada uno de los aspectos de su vida personal y profesional. Ya nunca más tendrá que comportarse como un líder ni manipular su imagen o su discurso para parecer un líder. Simplemente será un líder y gozará del reconocimiento natural de los demás, como se reconoce a los artistas.

Podemos convertirnos en observadores del observador que somos y podemos actuar según nuestras posibilidades de acción. La capacidad de reflexión nos permite especular, entablar conversaciones con los demás y con nosotros mismos, sobre lo qué es posible, arriesgarnos e inventar.

Estos aspectos pertenecen al ámbito del liderazgo. La capacidad humana de intervenir en el diseño de nuestros entornos sociales, al mismo tiempo que en el diseño de otros individuos. El liderazgo está basado en una serie de capacidades lingüísticas y es una muestra del poder generativo del lenguaje.

4. CARACTERÍSTICAS DE LÍDER AL INSTANTE

El Líder al Instante tiene las siguientes características:

- Coordina acciones, recursos y personas para conseguir los resultados deseados.
- Persuade, seduce, tiene seguidores.
- Hace triunfar a las personas.
- Arquitecto emocional de las personas que le siguen y saca lo mejor de ellos. Potencia sus talentos y habilidades.

Un Líder desarrolla:

- Protección: El Líder al Instante protege a la gente cuando lidera, cuando comparte una visión y misión clara, cuando da pautas precisas, define objetivos y son aceptados, cuando da retroalimentación constructiva y continuada, cuando predica con el ejemplo y cuando está dispuesto a confrontar con su equipo en caso necesario.
- Flexibilidad: respeta y acepta las diferentes ideas y opiniones, deja espacio a la gente para que se desarrolle, acepta las equivocaciones, da autonomía, evita que quien cometa errores se sienta mal.
- Rendimiento: Esta estrategia llega sola, porque el Líder al Instante crea el ecosistema para el logro.

Existen tres tipos de liderazgo:

- Jerárquico: Tiene que ver con el poder, con el puesto que ocupamos. El que obtengo a través de un título o una tarjeta.
- Técnico: Viene por conocimientos, experiencia, por saber mucho sobre un determinado tema. Los demás le toman como referente en esa materia.
- Natural: Es la autoridad que deriva de cómo me relaciono con las otras personas. Tiene que ver con empatía, cercanía, escucha, carisma personal. Este tipo de líder genera el espacio pa-

ra que la gente se automotive. Hace visibles a las personas, les da presencia.

5. RESPONSABILIDADES DEL LÍDER AL INSTANTE:

El Líder al Instante indaga, consigue acuerdos, negocia y trabaja para conseguir objetivos comunes.

El Líder al Instante tiene responsabilidades:
- Hacia los colaboradores
- Hacia el equipo.
- Hacia sí mismo.

¿QUÉ HACE?

- Integración del equipo de colaboradores.
- Fijar objetivos y planes de acción.
- Seguimiento de los objetivos y planes de acción de manera individual y grupal.
- Da retroalimentación.
- Detecta lo que no va bien de acuerdo a objetivos.
- Distribuye tareas conforme a capacidades e identifica las que se tratarán de forma directa y las que se delegarán.
- Desarrolla las habilidades y competencias de los colaboradores.

MOTIVACIÓN Y LIDERAZGO

Es importante liderarse antes a uno mismo antes de liderar a los demás. La motivación está muy relacionada con el liderazgo ya que hay elementos de ésta que son la base para liderarse antes de liderar a los demás para movilizarlos hacia los objetivos a conseguir.
¿Qué es la motivación? Es el motivo para actuar.
Es importante hacer estas distinciones relacionadas con la motivación:

- Motivación extrínseca: Son elementos externos a nosotros tales como el dinero, trabajar en una gran empresa, el cargo, los beneficios sociales, coche de empresa, el prestigio, etc. La motivación extrínseca retiene el talento pero no lo seduce y tiene unos efectos a corto-medio plazo.

- Motivación intrínseca: Son elementos que están dentro de nosotros tales como el desafío personal y profesional, sentirse respetado, luchar por un objetivo común, ser parte de un equipo. La motivación intrínseca tiene que ver con el líder natural, con la seducción y el talento. La motivación intrínseca sólo necesita tiempo, querer y dedicación. Cuesta poco dinero y tiene efectos a medio-largo plazo.

- Auto-motivación: No puedo motivar a alguien que no quiere ser motivado, pero sí puedo generar espacios para la automotivación, pero no soy responsable de la motivación final del otro.

Modelo de motivacion intrínseca

Es un modelo triangular perfecto: Ser- Pertenecer- Lograr. Todo lo relacionado con la autoconciencia e imagen de uno mismo, por ejemplo: ser visible, respetado, considerado, etc.

- Pertenecer: ser parte de un equipo, luchar por un objetivo común, estar en compañía, etc.
- Lograr: llegar a ser, transformarse: desafío personal y profesional, desarrollo y crecimiento en todos los ámbitos.

El líder debe identificar cuáles son las motivaciones de los miembros de su equipo que le impulsan hacia la movilización.

RETROALIMENTACIÓN

Al participar en un grupo comunicamos todo tipo de informaciones de las que no somos conscientes, pero que son captadas por las otras personas. Tales informaciones pueden reflejar la forma de expresión de nuestra manera de ser, de nuestro modo de hablar o del estilo que adoptamos en nuestra relación con los demás.

¿Cómo un Líder puede dar retroalimentación?

- Felicitar al colaborador y hacer referencia a todos los aspectos positivos.
- Analizar las razones que explican el logro alcanzado.
- Confirmar los beneficios.

La retroalimentación es una herramienta de liderazgo y es importante conocer algunas técnicas para dar y recibir Retroalimentación desde un clima de confianza y respeto. La retroalimentación es algo continuo, que tiene que ver con la fluctuación de los resultados de las personas. Es una oportunidad de diálogo y aprendizaje.

Hay personas que necesitan recibir retroalimentación, lo buscan como niños y otras que lo rehúyen. Aprender a detectar qué creencias sustentan una u otra conducta es imprescindible a la hora de diseñar cuándo, cómo y qué decir con la retroalimentacion.

Existen diferentes tipos de Retroalimentación:
- de mantenimiento.
- de refuerzo.
- de remedio.
- de mejora.
- de agradecimiento.

Este folleto de enseñanza me dio muchas pautas para pasar del autoconocimiento y autoconciencia a ser un Líder al Instante. Un ser humano liderando seres humanos dentro de un ambiente más proactivo y sinérgico.

Yo te lo entrego para que tú también diseñes una mejor ruta para el logro de tus metas personales, profesionales, familiares y, logres tu felicidad integralmente.

Bien sabes que metas quieres alcanzar, pero aún hay algo que no está resuelto y son tus creencias acerca de la responsabilidad. Me has contado cuál es tu contexto familiar, y el mismo no concuerda con ellas. Has aprendido que la hermana mayor en ciertas familias es la responsable de los hermanos cuando los padres trabajan. Esa creencia limitante no te ha permitido avanzar y te lo has creído; buscas logros pero sigues haciendo lo mismo, de esa manera no irás hacia tu meta principal.

Pregúntate:

1. ¿Colaborar significa ceder tus propios derechos?
2. ¿Tus hermanos son tu responsabilidad?
3. ¿Has cuestionado tu contexto actual con tus padres?
4. ¿Crees que esa creencia de responsabilidad te hace ser quien quieres ser?
5. ¿Cómo te ves en cinco años?
6. ¿Cuándo quieres lograr tu meta?

Las creencias nos atan y no dejan crecer absolutamente a nadie, es hora de cuestionar con conciencia todo aquello que es una cadena y no deja avanzar, como aquella historia del elefante del circo: un niño va al circo y ve un elefante, poderoso, enorme, gris y pesado, sujeto por una estaca diminuta que lo amarra a una cadena. El niño pregunta por qué no se zafa y agrede al público. Le responden que por qué está amaestrado. El niño pregunta que si está amaestrado entonces por qué lo encadenan. Le responden que desde pequeño se crió en cautiverio, lo tuvieron atado para que no se pudiera mover y de esta manera, cuando va a la pista, cree que sigue atado a la cadena irrompible. Entonces no trata de moverse. Se cree atado de por vida. No sabe que puede romper la endeble cadena y volver a avanzar. Mentalmente quedó amarrado. Ya no lucha. Cree que es inútil. Quedó paralizado para siempre.

Así vivimos con nuestras creencias, creemos que son verdades absolutas y que no se pueden reevaluar.

Ya tienes un conocimiento más profundo del autoliderazgo y un poco más del Líder al Instante. Ahora resumiremos en tres pasos lo visto en esta conversación.

1. Ser un jefe es diferente a ser un Líder al instante.
2. Un Líder al instante genera confianza y espacios para la creatividad.
3. El modelo de Liderazgo al instante, no es de jerarquías y mandos, es un líder con sentido humano que acompaña en procesos sin juicios personales.

CAPÍTULO 7
AUTORREALIZACIÓN E IMAGINACIÓN CREATIVA

"La imaginación es más importante que el conocimiento".
Albert Einstein

Hoy, mi querida Karla, hablaremos de perspectivas que crean las circuntancias en la vida personal, dentro de todas las areas como en las empresas de todo tipo, llevándonos con imaginación a una autorrealización. Todos están en una búsqueda de algo, pero no saben cómo hacerlo y, menos cómo empezar; comprendes por qué son tan importantes estas palabras cortas que con conciencia te abren un abanico de posibilidades que te ayudan a crear las estrategias de vida, como empresariales. ¿Por qué? ¿Cómo? ¿A quién? ¿Dónde? Recuerdas cuándo eras una niña y te la pasabas siempre preguntando el por qué? Bueno, aún no sabes como fuiste perdiendo tu identidad y ahora te parece de poco valor, te han dicho que eso es de niños y tú ya eres grande. Esto significa que te momificaste. Pero todo está por ganarse en tu vida, y te convertirás en una ganadora constante en tu autorrealización personal.

¿Por qué lo lograrás? Es de vital importancia definir el por qué lo quieres hacer; será la vía a identificar tu visión a dónde quieres llegar.

¿Como lo lograrás? Te ayuda a definir tus recursos internos y externos que te apalancarán a cada instante.

¿A quién? Transformará tu visión del mundo. Esta pregunta va dirigida a tu ser interior, porque eres tú quien vivirá la transformación.

¿Dónde? Será el lugar donde se desarrollará tu evolución como ser humano para tu Autorrealización con imaginación.

¿Cómo? Es la pregunta hacia un cambio de actitud. Es como quieres verte con tu autorrealización.

Estas preguntas te van despejando el camino para ir construyendo tus metas con más claridad, no dejes nada al azar y prepárate para seguir el proceso hacia la excelencia de vida.

Las nuevas tendencias de vida dentro de entornos más proactivos con diseño de pensamiento son:

Empatía: Es la base del diseño del pensamiento para innovar dentro de cada ámbito de los entornos personales y empresariales, basado en personas como centro de interacción para el logro de metas. Observar a cada persona e involucrarse en sus tareas o propuestas, sin entrar a presionar en toma de decisiones o para hallar respuestas.

Definir: Cómo será el proceso de tu autorrealización o del plan de acción de tu equipo, basado en talentos y habilidades de cada persona.

Idear: Con imaginación el mapa de tu destino final o el proceso que construirá con base a los talentos y recursos del equipo de trabajo.

Prototipar: Es crear el modelo en el cual te convertirás cuando hayas alcanzado la meta, o el producto o servicio que están diseñando en equipo.

Hasta hoy muy pocos cuestionan la conveniencia de invertir en las capacidades de gestión de sus empleados, estudiantes o hijos. La verdadera pregunta es la mejor manera de hacerlo. Acostúmbrate a preguntar y unir pregunta tras pregunta, hasta alcanzar el mejor resultado.

Por todo esto, Karla, liderar al instante es estar en el momento adecuado, con conciencia adecuada y con las personas adecuadas. Tú estas rodeada de una familia que tú no elegiste pero esa es tu realidad, y la cual amas y respetas porque eso es lo que has aprendido. Todos nacimos en el hogar que nos correspondía y de allí vamos creando nuestra realidad; ahora sólo nos toca reevaluar y aunque aceptemos, estamos en el deber de hacer de nuestra realidad un verdadero oasis de felicidad.

Las familias son como una empresa, hay que liderar desde cada ser humano para el buen desempeño de las partes y el beneficio del grupo familiar o empresarial; eso a ti, no se te ha dado como tú quieres, pero no has hecho nada por remediarlo, y los cambios no se producen sólo con quererlo. Es hora de hacer los cambios necesarios y empezar a construir tu mapa de Éxito personal: La Autorrealización con Imaginación.

Vamos a empezar a crear el modelo de tu Autorrealización.

Este proceso es maravilloso y te da las herramientas para que tú seas la responsable de la creación, no te da soluciones pero te ayuda a encontrarlas dentro de ti. Espera sólo que haya un compromiso total de tu parte para el logro hacia la excelencia de tu plan de acción:

- Recuerda las ocho áreas claves de tu vida, las cuales ya graficaste en la rueda de la vida, además, conociendo muy bien cuál es tu declaracion de empoderamiento, sabrás muy bien de donde partes para escribir tus metas más relevantes a desarrollar en este proceso.

- Escribe tus fortalezas y debilidades; tus oportunidades y amenazas; así tienes muchas herramientas para construir tus metas y todo el proceso que te llevará a lograrlas

- Escribe las tres metas en tu vida, las cuales vas a cumplir en tres meses.

- Cuando decidas escribirlas es porque las tienes bien definidas y de manera positiva. Es bien importante que hagas cambios al referirte a tus metas, ya que debes hablar, sentir y ver todo de manera positiva. Esto te ayudará a mantenerte motivada en tu proceso.

- Crea actividades mensuales que te ayuden a ir logrando tu objetivo. (No olvides escribir todo lo que tenga que ver con tu plan de acción). Como ya sabes cuáles son las habilidades que necesitas aprender o reforzar, entonces ya puedes ir creando la ruta del camino que vas a recorrer. Por ejemplo, si tu meta es estudiar Historia Universal, entonces crea todas aquellas actividades que tú opinas te irán ayudando en el logro del cumplimiento de las mismas. Pero este proceso lo puedes hacer semanalmente y así puedes controlar con conciencia, flexibilidad y firmeza.

- Define cómo crees que ciertas señales te darán retroalimentación de cómo va tu camino hacia tus metas. Utilizando tus sentidos responde de manera auditiva, visual y sensitiva. ¿Cómo verás las señales? ¿Cómo las escucharás? ¿Cómo las sentirás?

Hay personas que necesitan recibir retroalimentación, lo buscan como niños y otras que lo rehúyen. Aprender a detectar qué creencias sustentan una u otra conducta es imprescindible a la hora de diseñar cuándo, cómo y qué decir en la retroalimentación.

Existen diferentes tipos de retroalimentación:

- Para el mantenimiento del proceso.
- De refuerzo para crecer más.
- De remedio para una mejora constante.
- De agradecimiento.

MODELO DE RETROALIMENTACIÓN

Es importante generar el contexto necesario para dar retroalimentacion, saber elegir el momento y lugar adecuados y asegurarse de que la persona está en disposición de escucha.

Quien dé retroalimentacion no debe pretender cambiar a los demás, sino aportar su opinión sobre habilidades observadas y posibles áreas de mejora.

Equilibrado: Lo positivo y lo mejorable.

Observar: Hechos y datos observados.

Objetividad: Ser lo más objetivo posible y gestionar los propios juicios.

Mostrar impacto, ¿cuál es la trascendencia de lo que dicen? Tiempo que se marca para darlo.

- Señalar comportamientos que pueden ser cambiados. Describir hechos y datos, no evaluar.
- Ser específicos, concretos, no generalizar.
- Enfatizar el qué y el cómo. No el por qué.
- Darlo en el momento y el contexto oportuno.
- Otorgarlo en cantidades limitadas.

Cómo recibir la retroalimentación.

Absorber la retroalimentación que te dan.

Reflexionar sobre ello.

Clarificar si no lo entiendes.

Dar gracias si lo entendiste.

Estas señales pueden ser: Cuando alguien te habla con asombro de tus cambios, o cuando ves que tu vida familiar está cambiando. También puedes ver tu entorno desde otra perspectiva y tu vida con más prosperidad en todas las áreas de tu vida.

Ahora, mi querida Karla, aquí sentados en la playa, dibuja una línea y grafica tu presente; es bien importante que empieces a sentir tu vida como un todo. No sólo eres un ensamblaje de huesos, músculos y órganos, eres más que todo eso, eres un ser extraordinario ocupando el espacio que te corresponde y por lo tanto debes mantenerlo claro, libre de toxicidad. Esa línea que dibujarás marcará hacia dónde quieres ir y cómo lo realizarás.

Ya has llegado a un punto tan crucial que es hora de preguntarte. ¿Seguirías a una líder como tú?

Es bien importante que ya tengas clara la importancia del autoliderazgo; que el jefe se sirve primero a sí mismo mientras que el líder al instante está primero al servicio de los demás o colaboradores y está interesado tanto en el desarrollo personal de él como de sus colaboradores, lo que genera un nivel de confianza mucho mayor.

La base sobre las que se asienta el líder al instante es la confianza que muestran sus colaboradores hacia él y él hacia ellos que genera un compromiso fundamental para la consecución de los objetivos.

La confianza se basa en tres pilares fundamentales: Competencia, Credibilidad, Sinceridad.

El compromiso se basa en tres pilares fundamentales: Confianza, Congruencia, Comunicación Asertiva. Sólo si me siento libre, me comprometo.

El compromiso sin libertad no existe. Estoy involucrado pero si no me siento libre no me comprometo al 100%. Los coaches acompañamos a los coachees hacia el autoliderazgo para que aprenda a valorar cada situación y elija la mejor manera de actuar en cada momento para conseguir antes los resultados deseados. Flexibilidad y adaptación.

El Líder al Instante es capaz de ver qué necesitan las personas y los llevan a generar cambios en sus vidas.

Como ya estamos llegando al final de nuestros encuentros vamos a resumir este capítulo antes de pasar a trabajar tu plan de acción de manera gráfica y armoniosa.

RESUMEN

- Hay perspectivas de gran relevancia para la creación de las circunstancias de la vida: Autorrealización con Imaginación Creativa.
- Saber preguntarse el, ¿por qué? ¿Cómo? ¿Dónde? ¿Cuándo? ¿Con quién? Son palabras cortas de gran poder para crear metas.

- Las tendencias de vida dentro de entornos proactivos son: Empatía- Definir-Idear-Prototipar
- Modelos de retroalimentación para el proceso de diseño en la meta resultado.
- La base de Liderazgo al Instante es la confianza.

Ahora contesta las siguientes preguntas que te ayudarán a ir generando los resultados para tu plan de acción.

1. La decisión de hacer cambios para tu Éxito personal, viene de ti, de tus deseos. ¿Acaso son las creencias externas que te llevan a tomar decisiones?
2. Si te dijeran que vas a lograr el Éxito integral, ¿qué te atreverías a hacer para lograr tus metas?
3. ¿Necesitas motivación externa para tomar decisiones?
4. ¿Cómo lograrás crear el mejor mapa, desde lo bueno hacia la excelencia?

CAPÍTULO 8

EL MAPA DEL LÍDER: Técnicas y prácticas de Éxito

"Eres realmente exitoso cuando puedes extender una mano fuerte a alguien que necesita ayuda. Ayuda a otros y ellos te ayudarán a ti".

Dennis Waitley

El Líder al instante acompaña a otros para que descubran y potencien aquellas habilidades que les permitan ser los líderes que desean ser y mejoren así sus relaciones interpersonales.

El Líder al instante seduce, convence y hace crecer.

El mapa del líder son sólo técnicas prácticas de Éxito, que te ayudarán a ser el Líder al instante, como profesora de Historia Universal, creando todo un proceso con tu talento y habilidades.

Si un Líder no tiene seguidores no es un Líder al Instante. Es sólo un Líder de Jerarquías; y creo tú buscas seguidores para lograr tus metas. La línea de vida es curva y no lineal, de tal manera, como Líder al instante tu deber es seguir a tu grupo para que haya un enganche emocional sin crear dependencia, la libertad debe ser una bandera en tu caminar y dejar vidas transformadas y no seguidores adheridos a ti. Ellos también deben ser libres para seguir y ser seguidos, una reciprocidad constructiva y efectiva de liderazgo al instante. Ahora sigue el proceso de preguntarte hasta encontrar el mejor camino a recorrer, o la mejor motivación para construir tus metas.

Hasta este momento tus creencias sociales, familiares y financieras han marcado tu vida; es por todo esto que empiezas a ser precisa en tus respuestas y centrada en tu interior, en esa grandeza humana que fue sembrada en ti.

1. ¿Cómo lideras tu vida actualmente?
2. ¿Qué te ha impedido ser la líder que has querido ser?
3. ¿Cuándo quieres dar el paso con conciencia y asumir el compromiso al 100%?
4. ¿Cuándo lo logres en que te beneficiara?
5. Tu entorno, ¿cómo se beneficiará con tus logros?

Al final de este proceso, y en un cuadro dividido en las ocho áreas de tu vida, escribe todas las preguntas resumidas en este libro. Así podrás ir dando las respuestas a cada una. Después de elaborar el cuadro con preguntas y respuestas hazle un segundo cuadrado a cada área y escribe las metas a 5 años, deja espacio para que puedas devolverte a un año y luego las escribes mensualmente. Escribe luego las actividades semanales que te ayudarán a crear la ruta.

Te voy a dejar este diseño que te dará una gran ayuda para escribir tu programa de Éxito.

- **Iluminación y Unificación.** Un Líder al Instante es aquel que Trabaja con datos obtenidos a través de la observación y comparte la percepción negativa de un evento o situación en términos de conductas observadas.
- Se enfoca en el desempeño del capital humano, el cual puede ser mejorado.
- Se centraliza en la relaciones ya que promueve el respeto de las partes en ambas direcciones, sin que importe la diferencia que puede existir.
- Conlleva al diálogo constante ya que éste se puede considerar el Corazón del Coaching.
- Conlleva una responsabilidad compartida, entre las personas, equipos y el capital humano.

- **Liberación y rectificación:** Para el Coaching, lo primero y fundamental es que el individuo reconozca la existencia de una brecha entre lo que hace y lo que quiere lograr. Luego se crea un espacio en donde se pueda conversar sobre estos dilemas, mostrando los errores de una manera honesta. El Coach escucha las necesidades y deficiencias que el Coachee percibe y expresa mediante diferentes herramientas de comunicación como el lenguaje y la expresión corporal. Después, se traza un plan de compromisos a partir de estas conversaciones, y las metas que se quieren alcanzar.

El Coach ayuda a las personas a la liberación del problema, el cual rectifica con las herramientas, llevando a lograr el resultado desde una óptica diferente.

Disolviendo para el cambio. "La característica del líder del futuro estará relacionada con su capacidad de reinventarse para a la vez reinventar su organización. Hablamos de reinventar nuestros valores, educar nuestras emociones y buscar nuevas formas de ver la realidad. Supone salir de nuestros entornos culturales y organizativos que actúan como filtros que no nos permiten ver las nuevas realidades e ir allí donde "estén".

El miedo al cambio frena la evolución creativa. Ser líderes es una tarea difícil, arriesgada y tiene efectos secundarios cuando no se tiene conciencia de generar cambios personales de percepción de su propia realidad y el entorno, aun en constante cambio.

- **Construir hacia la meta:** Muchos trabajan juntos, pero eso no quiere decir que trabajen en equipo. Cuando se trabaja en equipo unos subsanan las diferencias de otros y cierran filas. La combinación de talentos, esfuerzos y la posibilidad de ver las diferentes perspectivas sobre una misma situacion y tomarlas en cuenta en la co-construcción de una solución, hace que se logren proezas. Los nuevos paradigmas en este proceso son:

1. Orientación al cliente (Servicio)
2. Cambio constante de alto rendimiento- multi-habilidades.
3. Líderes desarrolladores y promotores del desarrollo humano.
4. Trabajo en equipo para mejorar procesos.

Características de un equipo con Liderazgo al Instante:
1. Alto compromiso.
2. Fuerte motivación.
3. Comunicación asertiva
4. Ajuste de roles
5. Flexibilidad estructural
6. Promoción de potencialidades
7. Liderazgo compartido
8. Madurez con fuerza

- **Exploración y renacimiento.** Para entender esta técnica es bien importante leer esta historia: "El águila es el ave que posee la mayor longevidad de su especie. Llega a vivir 70 años. Pero para llegar a esa edad, a los 40 años de vida tiene que tomar una seria decisión. A los 40 años, sus uñas curvas y flexibles, no consiguen agarrar a las presas de las que se alimenta. Su pico alargado y puntiagudo, también se curva apuntando contra el pecho. Sus alas están envejecidas y pesadas y sus plumas gruesas. ¡Volar es ahora muy difícil! Entonces el águila, tiene sólo dos alternativas: morir o... enfrentar un doloroso proceso de renovación que durará 150 días.

Ese proceso consiste en volar hacia lo alto de una montaña y refugiarse en un nido, próximo a una pared donde no necesite volar. Entonces, apenas encuentra ese lugar, el águila comienza a golpear con su pico la pared, hasta conseguir arrancárselo. Apenas lo arranca, debe esperar a que nazca el nuevo pico con el cual después, va a arrancar sus viejas uñas. Cuando las nuevas uñas comienzan a nacer, prosigue arrancando sus viejas plumas. Y después de cinco meses, sale victoriosa para su famoso vuelo de renovación, y entonces dispone... de 30 años más".

Cuando exploramos en nuestro interior o interior de los equipos de trabajo, encontramos un manojo de herramientas que desconocemos y, con las cuales podemos construir el imperio de la felicidad y prosperidad. Y sólo cuando hacemos cambios aunque duelan por la comodidad, será cuando logremos renacer a una Vida de excelencia. Como seres humanos creativos y llenos de un poder inmenso podemos construir o dejar que la Vida siga sin sentido.

La mayoría de las personas se consideran inteligentes, sin embargo, no ocurre lo mismo con considerarse creativos, cuando eso es algo innato en el ser humano. "Todos somos por naturaleza completos, creativos y llenos de recursos". La inteligencia creativa está en nuestro interior. Ser más o menos creativos depende del entorno en el que nos hemos desarrollado, de nuestras creencias y de nuestro bagaje cultural. Es un recurso muy poderoso que tenemos y que nos ayuda a superar retos, a imaginar la vida que queremos y a crearla. La creatividad se puede desarrollar y ampliar. Tiene mucho que ver con salir de nuestra zona de confort, atreverse a sentir y desafiar lo obvio. Las visualizaciones son una técnica del Coaching que te ayuda a explorar y renacer a una nueva vida en donde la habilidad de la creatividad es muy útil. Podemos hacer sentir al Coachee la plenitud que desea para vivir una vida en armonía con sus valores si, a la vez que las creamos, nos conectamos con él y con lo que está pasando en nuestra sesión con la persona.

Para que podamos ejercitarnos y ver resultados al poner en práctica la visualización creativa te recomiendo los siguientes pasos:

- Piensa claramente en lo que quieres lograr.
- Define tus metas.
- Fórmate una imagen mental de lo que quieres lograr y visualízalo en tu mente.
- Invierte cierto tiempo diariamente en soñar despierto.
- Cuando sueñes despierto, relájate, respira profundamente y disfruta el momento.
- Usa tu creatividad para crearte una imagen mental lo más detallada posible de lo que quieres lograr.
- Al visualizar lo que quieres lograr intenta usar todos tus sentidos en la imagen mental de lo que deseas.

- Añádele a tu visualización los sentimientos que crees que te provocará el alcanzar lo que quieres.
- Invierte como mínimo 10 minutos dos veces al día en este ejercicio de visualización.
- Persevera. No desistas en visualizar hasta que comiences a actuar hacia lo que quieres lograr.
- Permanece con una actitud positiva, sentimientos positivos, emociones positivas y por supuesto palabras positivas.
- Mantén tu mente abierta y alerta para que puedas ver, descubrir y aprovechar las oportunidades que se presenten para lograr tu objetivo.
- Nunca uses el poder de la visualización para dañar a nadie y menos a ti mismo.

La culminación como Líder al Instante. Todo líder, cualesquiera que sean sus objetivos personales, debe ser útil a sus seguidores, o no será líder. Para un líder debe ser sumamente importante el automotivarse para poder alcanzar sus objetivos y así poder motivar a sus seguidores con solamente sus actitudes y su presencia.

Te voy a mostrar algunas actitudes básicas para convertirte en un líder automotivado:

ACTITUD 1. Asumir la Responsabilidad de tu Propia Vida.

Si te fijas, cualquier líder de la historia es, ante todo, una persona automotivada. Para llegar a ese estado, lo primero que ha tenido que desarrollar es una gestión y un control absoluto sobre su vida cambiando su forma de pensar y asumir que lograrlo o no depende exclusivamente de sí mismo. Sólo él puede reaccionar de una manera u otra ante las diferentes situaciones que se le presenten. O lo que es lo mismo, tienes que dejar de considerarte víctima de tus circunstancias y pasar a ser el o la protagonista y responsable de tu propia vida.

ACTITUD 2. Certeza y Esperanza de que puedes Conseguir lo que te Propones.

Cuando uno adquiere conciencia de control sobre su propia vida, se siente fuerte para afrontar cualquier reto. Es el Líder de su propia existencia. Una vez realizado este cambio de actitud, acostúmbrate a pensar en positivo y alimenta la certeza y la esperanza de que puedes conseguir lo que te propones y que esto te acerca al triunfo y a cultivar tu autoconfianza o la confianza en ti misma.

ACTITUD 3. Paciencia y Perseverancia en todo lo que te Propongas.

La Paciencia y la Perseverancia deben ser cualidades de líderes, emprendedores y profesionales. La primera debes poseerla para que te ayude a mantener el nivel de tensión, la tensión creativa, durante la espera cuando tus propósitos requieren un tiempo de gestación para que tengan éxito. La Perseverancia es esencial porque es imprescindible insistir en el proceso, aun cuando en apariencia no se estén percibiendo los frutos.

ACTITUD 4. Amor y pasión por tu propia existencia.

El amor como base de toda la creación lleva a crear todo lo que nos proponemos e imaginamos como fin de alguna meta.

Hoy empieza a crear todos los cambios con conciencia, llena tu vida de esperanza y motívate constantemente para que construyas cada instante con excelencia aplicando:
"LIDERAZGO AL INSTANTE"

BIENVENIDO Y GRACIAS

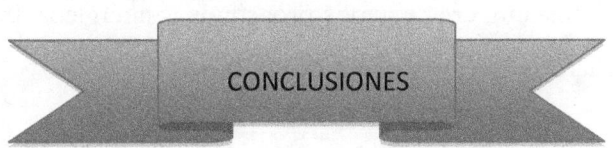

CONCLUSIONES

⭐ Ser un Líder al Instante es un autoliderarse para lograr transformar vidas con herramientas del Coaching.

⭐ Un autolíder articula la experiencia del cliente, clarificando con precision los mensajes de aquellos signos no verbales y de los cuales el cliente no es consciente. De esta manera podrá ayudar con precisión al cliente a que tome sus propias decisiones que le lleven a lograr sus metas.

⭐ Un Líder al Instante da *feedback* positivo al instante y a la persona adecuada.

Un Líder al Instante crea equipos proactivos y sinérgicos, buscando siempre acuerdos en el momento de conflictos.

Un Líder al Instante crea objetivos con actividades precisas para cada persona de equipo; confia en el auto liderazgo para la toma de decisiones y el beneficio personal como de equipo.

Un Líder al Instante le da el Éxito al equipo. Es un ser humano que gana más con el Éxito de los demás.

Un Líder al Instante enseña con su ejemplo. Lidera sin presionar y sabe planear sin imponer.

BIBLIOGRAFÍA

Aquí se encuentran algunos libros, que te ayudarán en tu crecimiento, y de los cuales yo me nutrí para escribir esta obra.

Huertas, Abner. *El crecimiento de un líder*. Editorial Vida, Miami, 2013
Chopra, Deepak. *El alma del Liderazgo*. USA, Kindle Edition
Goleman, Daniel. *Inteligencia emocional*. Kairos, 1996
Miedaner, Talane. *Coaching para el Éxito*. Editorial Urano, 2002
Morales, Lyvia. *Soy más de lo que pensaba*. La Polilla, Miami, 2011
Nuñez, Esperanza. *Las llaves del Éxito: Ser-Sentir-Crear*. Palibrios, Indianapolis, 2012
O'Connor, Joseph, Lages Andrea. *Coaching con PNL*. Urano, Barcelona 2005
Sharma, Robin. *El líder que no tenía cargo*. DeBolsillo, 2000

www.ingramcontent.com/pod-product-compliance
Lightning Source LLC
Chambersburg PA
CBHW032131090426
42743CB00007B/562